Impressum
Verlag: BABADADA GmbH, Nedderfeld 112 , 22529 Hamburg
Geschäftsführer / Verlagsleitung: Harald Hof
Druck: Books on Demand GmbH, In de Tarpen 42, 22848 Norderstedt

Imprint
Publisher: BABADADA GmbH, Nedderfeld 112 , 22529 Hamburg, Germany
Managing Director / Publishing direction: Harald Hof
Print: Books on Demand GmbH, In de Tarpen 42, 22848 Norderstedt

koulu

escuela

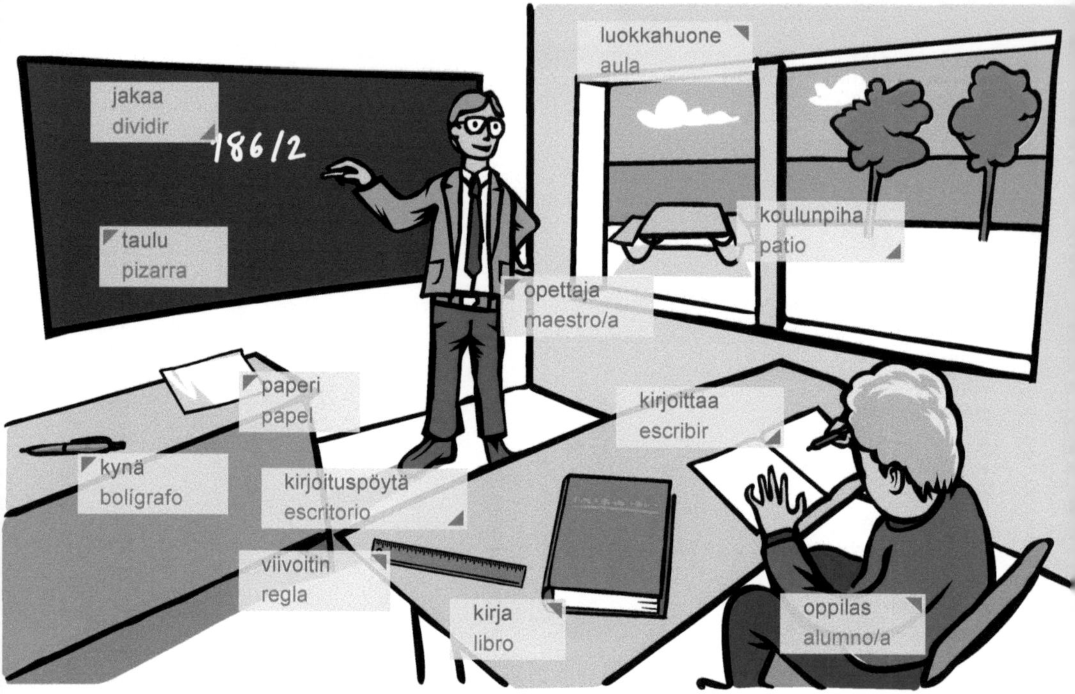
luokkahuone
aula
jakaa
dividir
186/2
taulu
pizarra
koulunpiha
patio
opettaja
maestro/a
paperi
papel
kirjoittaa
escribir
kynä
bolígrafo
kirjoituspöytä
escritorio
viivoitin
regla
kirja
libro
oppilas
alumno/a

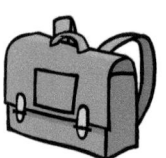

reppu

cartera

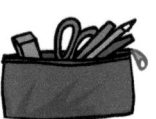

penaali

caja de lápices

lyijykynä

lápiz

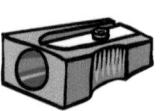

kynänteroitin

sacapuntas

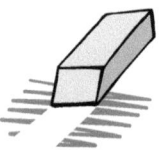

pyyhekumi

goma de borrar

piirustuslehtiö

cuaderno de dibujo

piirustus

dibujo

pensseli

pincel

vesivärit

caja de pinturas

sakset

tijeras

liima

pegamento

harjoituskirja

cuaderno de ejercicios

kotitehtävä

deberes

luku

número

lisätä

sumar

vähentää

restar

kertoa

multiplicar

laskea

calcular

kirjain

letra

aakkoset

alfabeto

sana

palabra

teksti

texto

lukea

leer

liitu

tiza

oppitunti

lección

opettajan muistikirja

cuaderno de notas

koe

examen

todistus

certificado

koulupuku

uniforme escolar

koulutus

educación

sanakirja

enciclopedia

yliopisto

universidad

mikroskooppi

microscopio

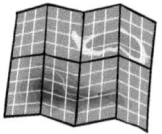

kartta

mapa

roskakori

papelera

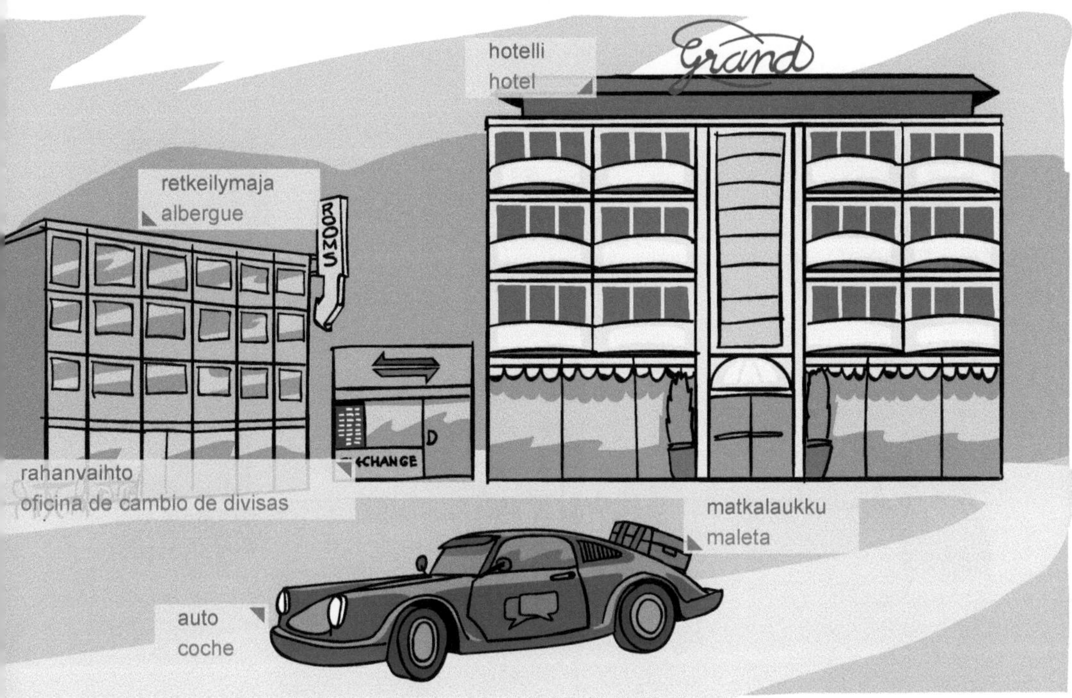

hotelli
hotel
Grand
retkeilymaja
albergue
ROOMS
EXCHANGE
rahanvaihto
oficina de cambio de divisas
matkalaukku
maleta
auto
coche

kieli

idioma

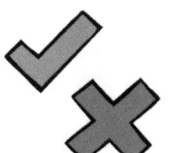

kyllä / ei

sí / no

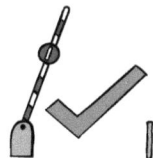

selvä

Vale

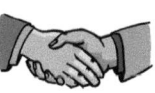

hei

hola

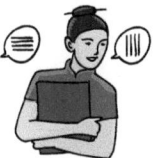

tulkki

traductor

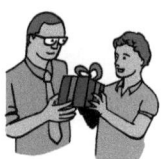

kiitos

Gracias

Paljonko...maksaa?

¿cuánto es...?

en ymmärrä

No entiendo

ongelma

problema

Hyvää iltaa!

¡Buenas tardes!

Hyvää huomenta!

¡Buenos días!

Hyvää yötä!

¡Buenas noches!

näkemiin

adiós

suunta

dirección

matkatavarat

equipaje

laukku

bolsa

reppu

mochila

vieras

invitado

huone

habitación

makuupussi

saco de dormir

teltta

tienda de campaña

turisti-info

información turística

ranta

playa

luottokortti

tarjeta de crédito

aamupala

desayuno

lounas

almuerzo

päivällinen

cena

matkalippu

billete

hissi

ascensor

postimerkki

sello

raja

frontera

tulli

aduana

suurlähetystö

embajada

viisumi

visa

passi

pasaporte

kuljetus
transporte

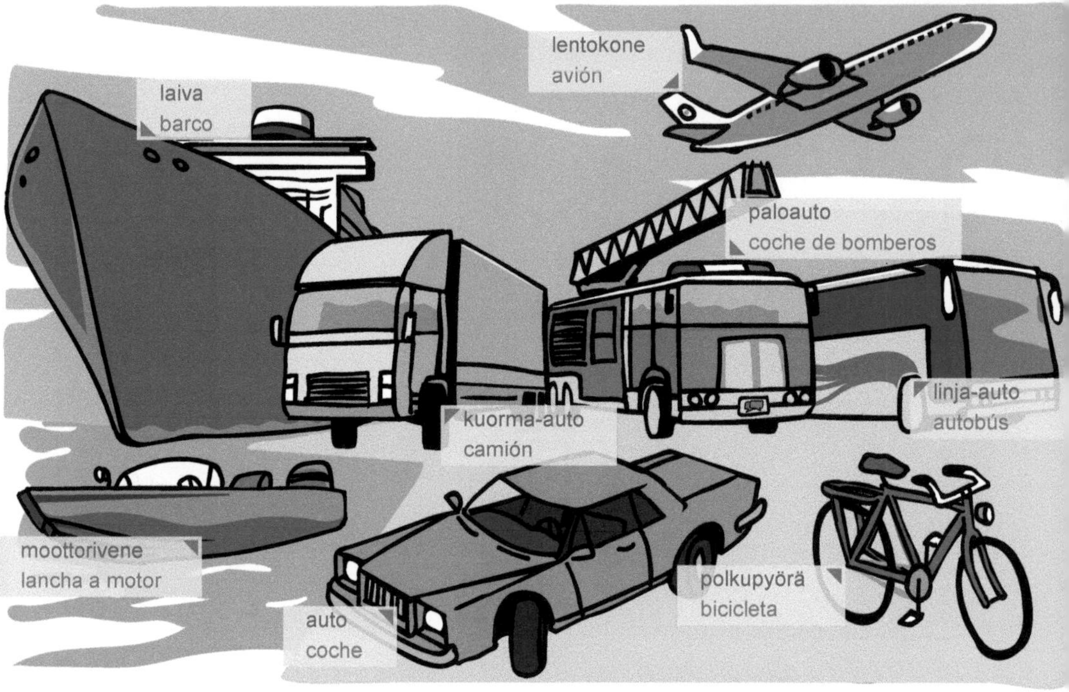
lentokone
avión
laiva
barco
paloauto
coche de bomberos
linja-auto
autobús
kuorma-auto
camión
moottorivene
lancha a motor
polkupyörä
bicicleta
auto
coche

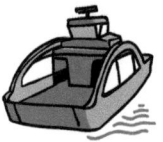

lautta

transbordador

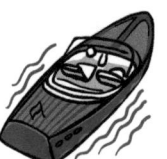

vene

barca

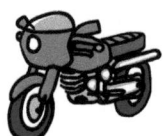

moottoripyörä

moto

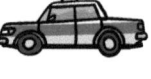

poliisiauto

coche de policía

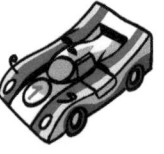

kilpa-auto

coche de carreras

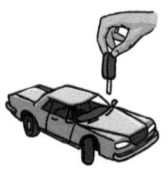

vuokra-auto

coche de alquiler

car sharing

préstamo de vehículos

hinausauto

grúa

roska-auto

camión de la basura

moottori

motor

polttoaine

gasolina

huoltoasema

gasolinera

liikennemerkki

señal de tráfico

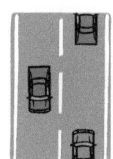

liikenne

tráfico

ruuhka

atasco

parkkipaikka

aparcamiento

rautatieasema

estación de tren

raiteet

vías

juna

tren

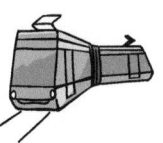

raitiovaunu

tranvía

vaunu

vagón

helikopteri

helicóptero

lentokenttä

aeropuerto

lähilennonjohto

torre

matkustaja

pasajero

kontti

contenedor

pahvilaatikko

caja de cartón

kärryt

carretilla

kori

cesta

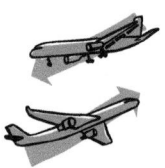

nousta / laskea

despegar / aterrizar

kaupunki
ciudad

kylä

pueblo

keskusta

centro de ciudad

talo

casa

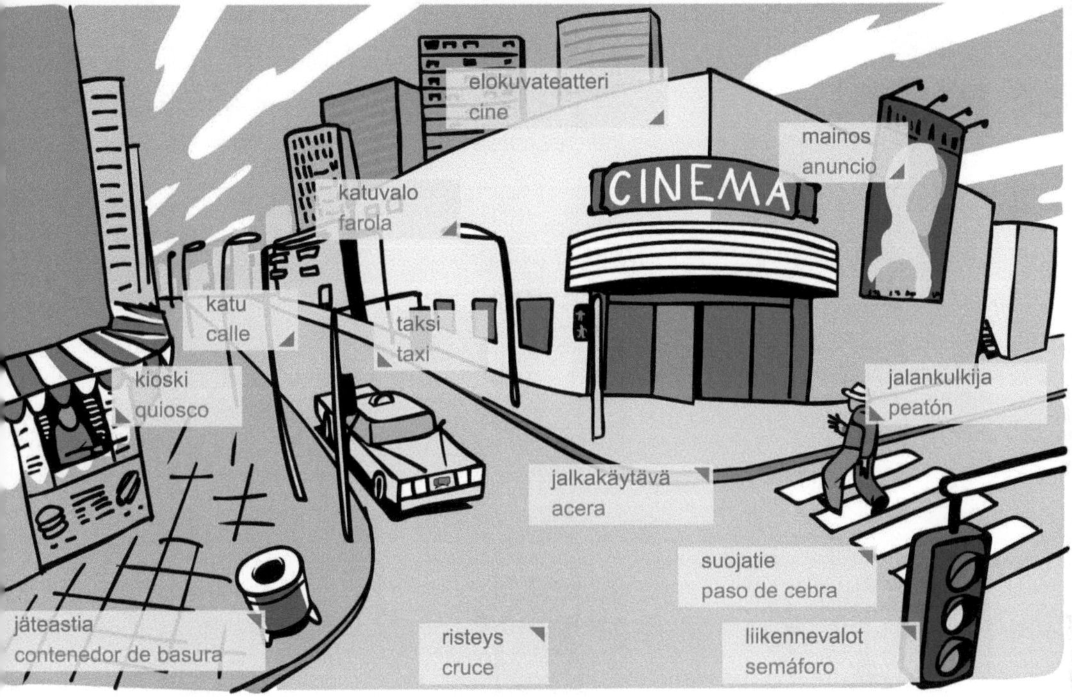

elokuvateatteri
cine
mainos
anuncio
CINEMA
katuvalo
farola
katu
calle
taksi
taxi
kioski
quiosco
jalankulkija
peatón
jalkakäytävä
acera
suojatie
paso de cebra
jäteastia
contenedor de basura
risteys
cruce
liikennevalot
semáforo

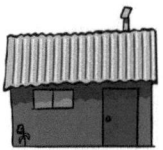

mökki

cabaña

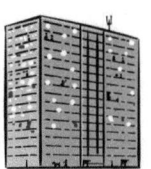

kerrostalo

apartamento

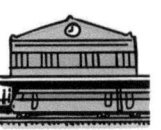

rautatieasema

estación de tren

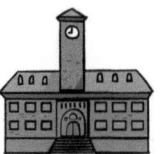

kaupungintalo

ayuntamiento

MUSEUM

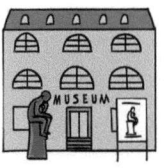

museo

museo

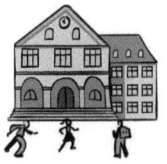

koulu

escuela

yliopisto

universidad

pankki

banco

sairaala

hospital

hotelli

hotel

apteekki

farmacia

toimisto

oficina

kirjakauppa

librería

liike

tienda

kukkakauppa

floristería

supermarketti

supermercado

tori

mercado

tavaratalo

grandes almacenes

kalakauppias

pescadería

ostoskeskus

centro comercial

satama

puerto

puisto
parque

penkki
banco

silta
puente

portaat
escaleras

metro
metro

tunneli
túnel

linja-autopysäkki
parada de autobús

baari
bar

ravintola
restaurante

postilaatikko
buzón

katukyltti
poste indicador

parkkimittari
parquímetro

eläintarha
zoo

uimala
piscina

moskeija
mezquita

maatila
granja

ympäristön saastuminen
contaminación

hautausmaa
cementerio

kirkko
iglesia

leikkikenttä
patio de juego

temppeli
templo

maisema

paisaje

lehti
hoja

tienviitta
señal

tie
camino

nlitty
prado

kivi
piedra

retkeilijä
excursionista

puu
árbol

joki
río

ruoho
hierba

kukka
flor

laakso

valle

vuori

colina

järvi

lago

metsä

bosque

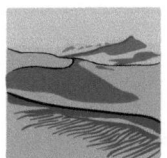

aavikko

desierto

tulivuori

volcán

linna

castillo

sateenkaari

arcoíris

sieni

champiñón

palmu

palmera

hyttynen

mosquito

kärpänen

mosca

muurahainen

hormiga

mehiläinen

abeja

hämähäkki

araña

kovakuoriainen

escarabajo

sammakko

rana

orava

ardilla

siili

erizo

jänis

liebre

pöllö

lechuza

lintu

pájaro

joutsen

cisne

villisika

jabalí

peura

ciervo

hirvi

alce

pato

presa

tuulimylly

turbina eólica

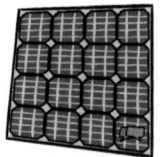

aurinkopaneeli

panel solar

ilmasto

clima

ravintola
restaurante

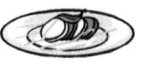

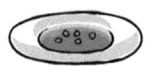

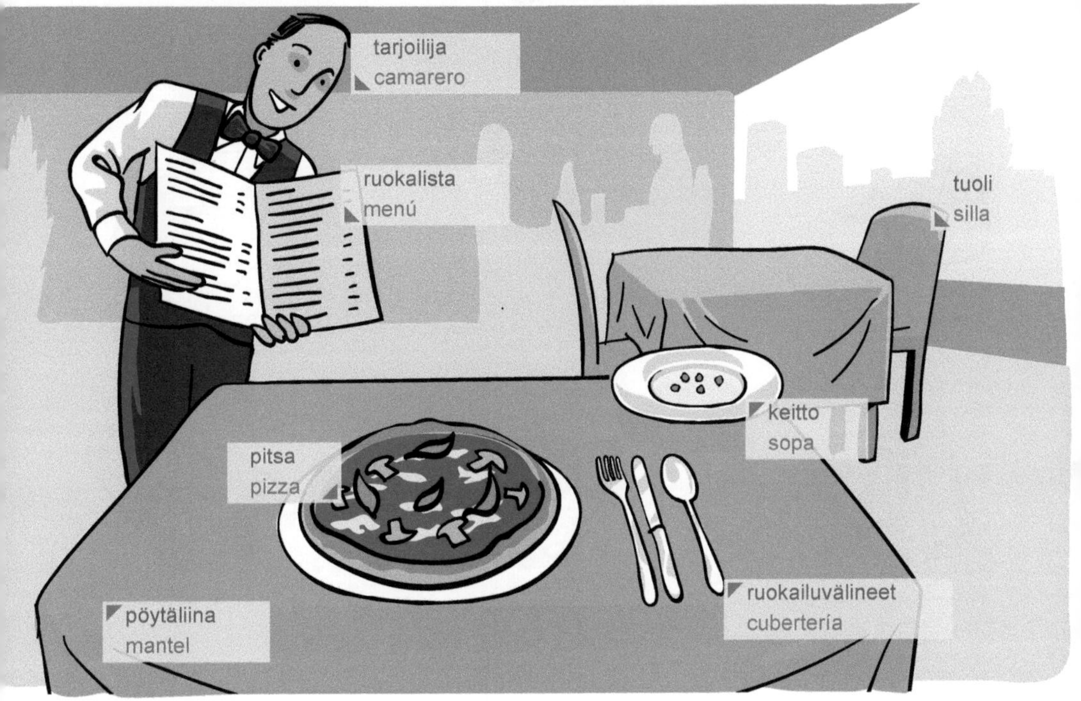
tarjoilija
camarero
ruokalista
menú
tuoli
silla
keitto
sopa
pitsa
pizza
ruokailuvälineet
cubertería
pöytäliina
mantel

alkuruoka

primer plato

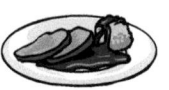

pääruoka

plato principal

jälkiruoka

postre

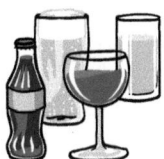

juomat

bebidas

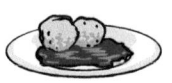

ruoka

comida

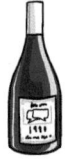

pullo

botella

pikaruoka
comida rápida

katuruoka
comida callejera

teekannu
tetera

sokeriastia
azucarero

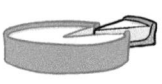

annos
porción

espressokeitin
cafetera expreso

syöttötuoli
trona

lasku
cuenta

tarjotin
bandeja

veitsi
cuchillo

haarukka
tenedor

lusikka
cuchara

teelusikka
cucharilla

servietti
servilleta

lasi
vaso

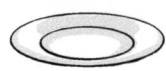

lautanen

plato

syvä lautanen

plato hondo

aluslautanen

platillo

kastike

salsa

suolasirotin

salero

pippurimylly

molinillo de pimienta

etikka

vinagre

öljy

aceite

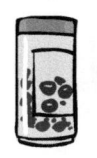

mausteet

especias

ketsuppi

ketchup

sinappi

mostaza

majoneesi

mayonesa

supermarketti

supermercado

tarjous
oferta especial
asiakas
cliente
maitotuotteet
lácteos
FOR
hedelmät
fruta
ostoskärryt
carro de la compra

BUTCHERS

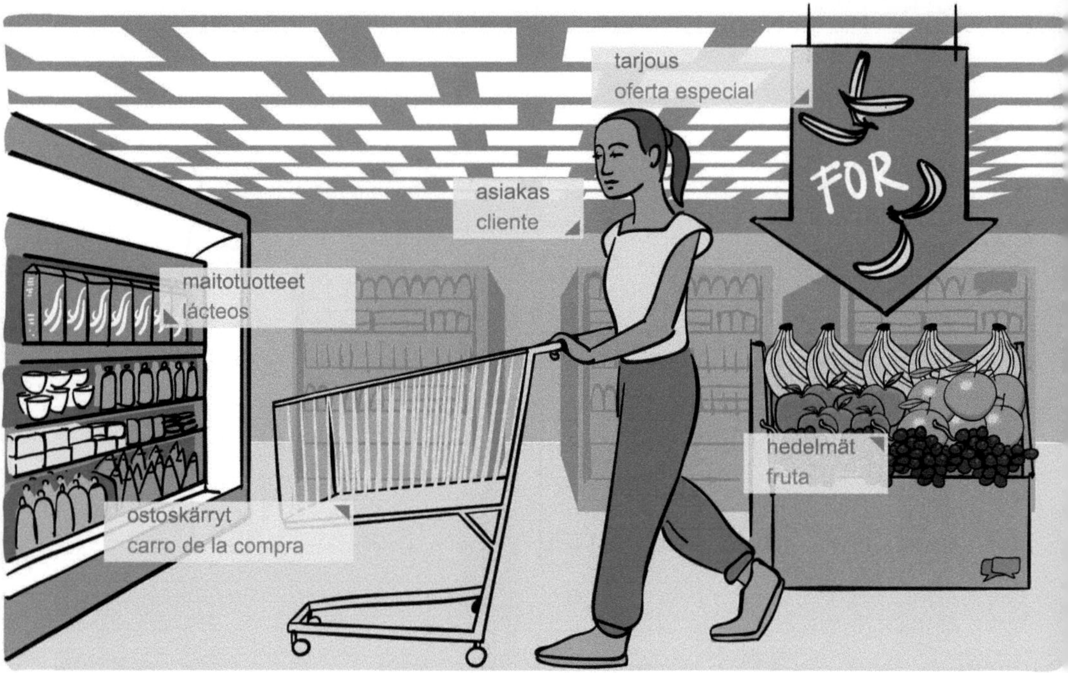

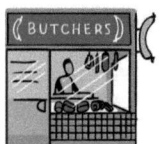

teurastamo

carnicería

BAKERY

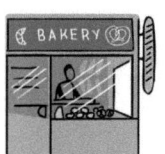

leipomo

panadería

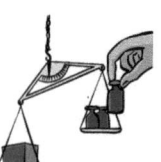

punnita

pesar

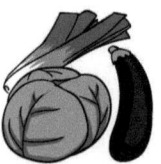

kasvikset

verduras

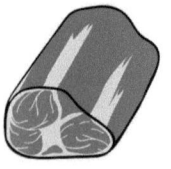

liha

carne

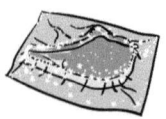

pakasteet

alimentos congelados

leikkele

fiambres

säilykkeet

conservas

pesujauhe

detergente en polvo

makeiset

dulces

kotitaloustarvikkeet

productos de uso doméstico

puhdistusaineet

productos de limpieza

myyjä

vendedora

kassa

caja

kassanhoitaja

cajero

ostoslista

lista de la compra

aukioloajat

horario de atención al
público

lompakko

cartera

luottokortti

tarjeta de crédito

kassi

bolsa

muovipussi

bolsa de plástico

vesi

agua

mehu

zumo

maito

leche

kokis

cola

viini

vino

olut

cerveza

alkoholi

alcohol

kaakao

cacao

tee

té

kahvi

café

espresso

expreso

cappuccino

capuchino

banaani

plátano

omena

manzana

appelsiini

naranja

meloni

melón

sitruuna

limón

porkkana

zanahoria

valkosipuli

ajo

bambu

bambú

sipuli

cebolla

sieni

champiñón

pähkinät

avellanas

spagetti

fideos

spagetti

espagueti

riisi

arroz

salaatti

ensalada

ranskalaiset

patatas fritas

paistetut perunat

patatas fritas

pitsa

pizza

hampurilainen

hamburguesa

voileipä

sándwich

leike

filete

kinkku

jamón

salami

salami

makkara

salchicha

kana

pollo

paisti

asado

kala

pescado

kaurahiutaleet

copos de avena

mysli

muesli

murot

copos de maíz

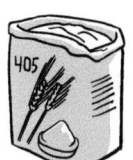

jauho

harina

voisarvi

cruasán

sämpylä

panecillo

leipä

pan

paahtoleipä

tostada

keksit

galletas

voi

mantequilla

rahka

cuajada

kakku

pastel

kananmuna

huevo

paistettu kananmuna

huevo frito

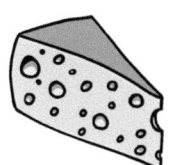

juusto

queso

jäätelö

helado

sokeri

azúcar

hunaja

miel

hillo

mermelada

suklaapähkinälevite

crema de turrón

curry

curry

maatila

granja

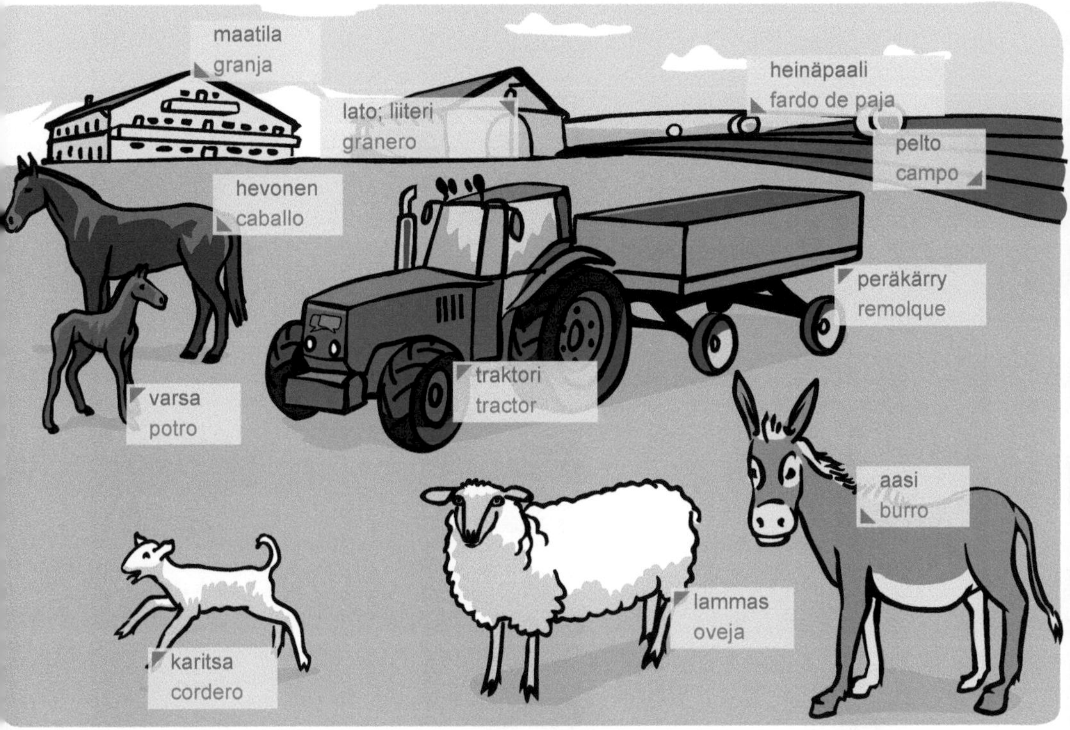
maatila
granja
lato; liiteri
granero
heinäpaali
fardo de paja
pelto
campo
hevonen
caballo
peräkärry
remolque
traktori
tractor
varsa
potro
aasi
burro
lammas
oveja
karitsa
cordero

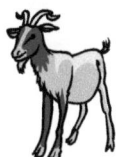

vuohi

cabra

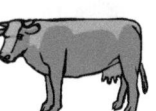

lehmä

vaca

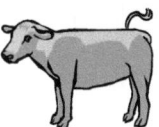

vasikka

ternero

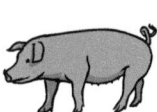

sika

cerdo

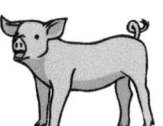

porsas

cerdito

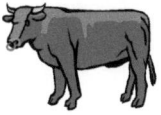

sonni

toro

hanhi

ganso

ankka

pato

tipu

pollo

kana

gallina

kukko

gallo

rotta

rata

kissa

gato

hiiri

ratón

härkä

buey

koira

perro

koirankoppi

perrera

puutarhaletku

manguera

kastelukannu

regadera

viikate

guadaña

aura

arado

sirppi

hoz

kuokka

azada

talikko

horca

kirves

hacha

kottikärryt

carretilla

kaukalo

abrevadero

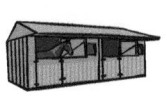

maitokannu

lechera

säkki

saco

aita

valla

talli

establo

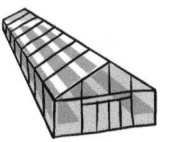

kasvihuone

invernadero

maa

suelo

siemen

semilla

lannoite

fertilizador

leikkuupuimuri

cosechadora

kerätä sato

cosechar

sato

cosecha

jamssit

ñame

vehnä

trigo

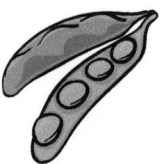

soija

soja

peruna

patata

maissi

maíz

rypsi

semilla de colza

hedelmäpuu

árbol frutal

maniokki

mandioca

vilja

cereales

talo

casa

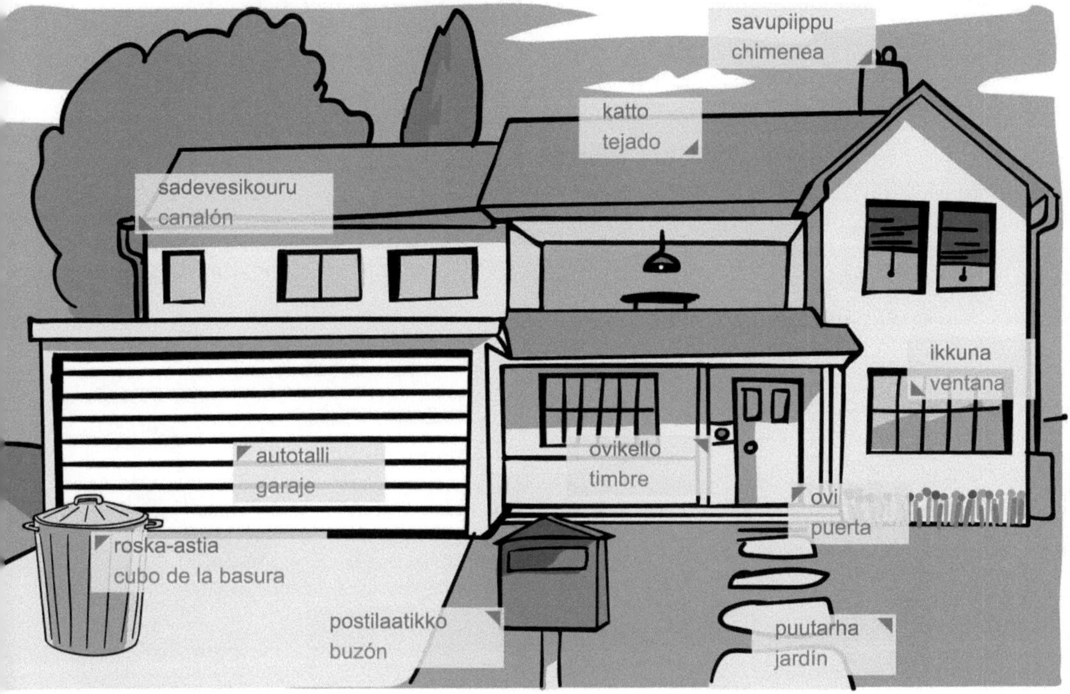
savupiippu
chimenea
katto
tejado
sadevesikouru
canalón
ikkuna
ventana
autotalli
garaje
ovikello
timbre
ovi
puerta
roska-astia
cubo de la basura
postilaatikko
buzón
puutarha
jardín

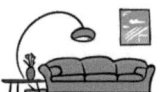

olohuone

sala

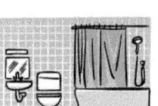

kylpyhuone

cuarto de baño

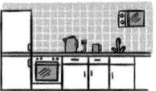

keittiö

cocina

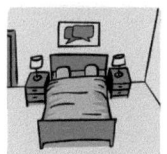

makuuhuone

dormitorio

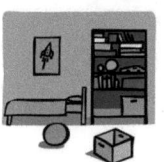

lastenhuone

habitación de los niños

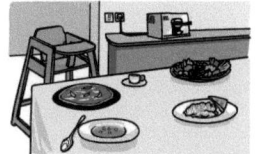

ruokahuone

comedor

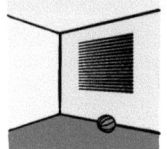

lattia

suelo

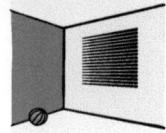

seinä

pared

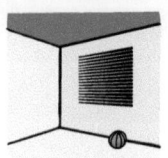

katto

techo

kellari

sótano

sauna

sauna

parveke

balcón

terassi

terraza

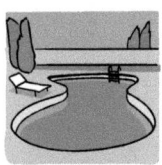

uima-allas

piscina

ruohonleikkuri

cortacésped

lakana

sábana

päiväpeitto

colcha

sänky

cama

harja

escoba

ämpäri

balde

katkaisin

interruptor

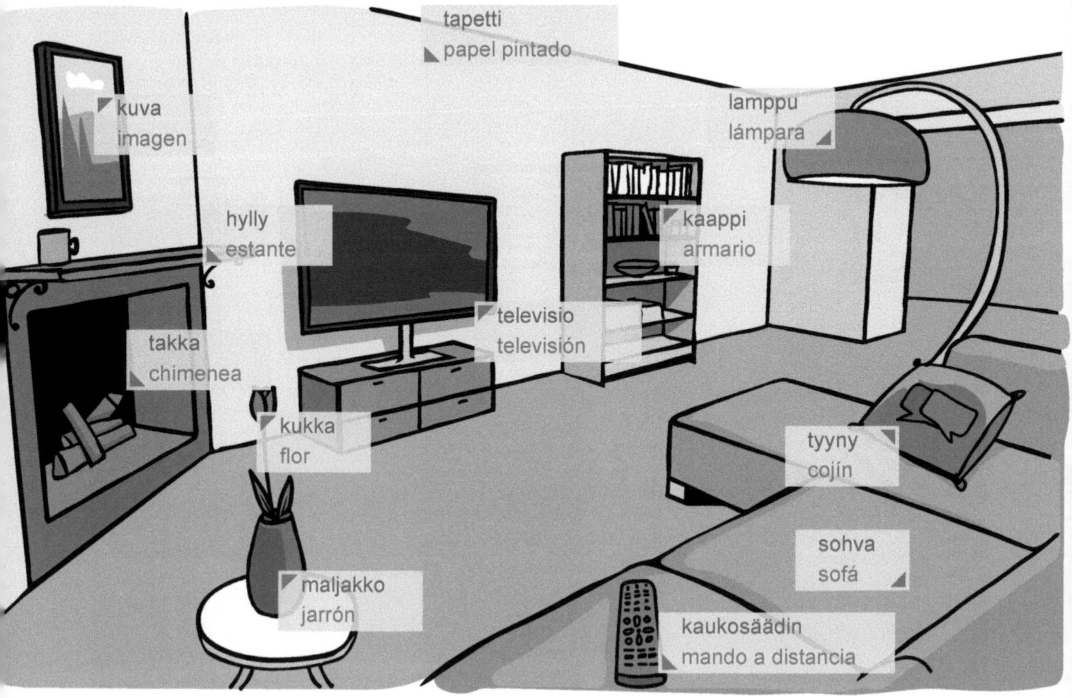

tapetti
papel pintado

kuva
imagen

lamppu
lámpara

hylly
estante

kaappi
armario

takka
chimenea

televisio
televisión

kukka
flor

tyyny
cojín

sohva
sofá

maljakko
jarrón

kaukosäädin
mando a distancia

matto

alfombra

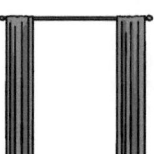

verho

cortina

pöytä

mesa

tuoli

silla

keinutuoli

mecedora

nojatuoli

butaca

kirja

libro

peitto

manta

koriste

decoración

polttopuut

leña

elokuva

película

stereot

equipo de música

avain

llave

sanomalehti

periódico

maalaus

pintura

juliste

póster

radio

radio

muistivihko

cuaderno

pölynimuri

aspiradora

kaktus

cactus

kynttilä

vela

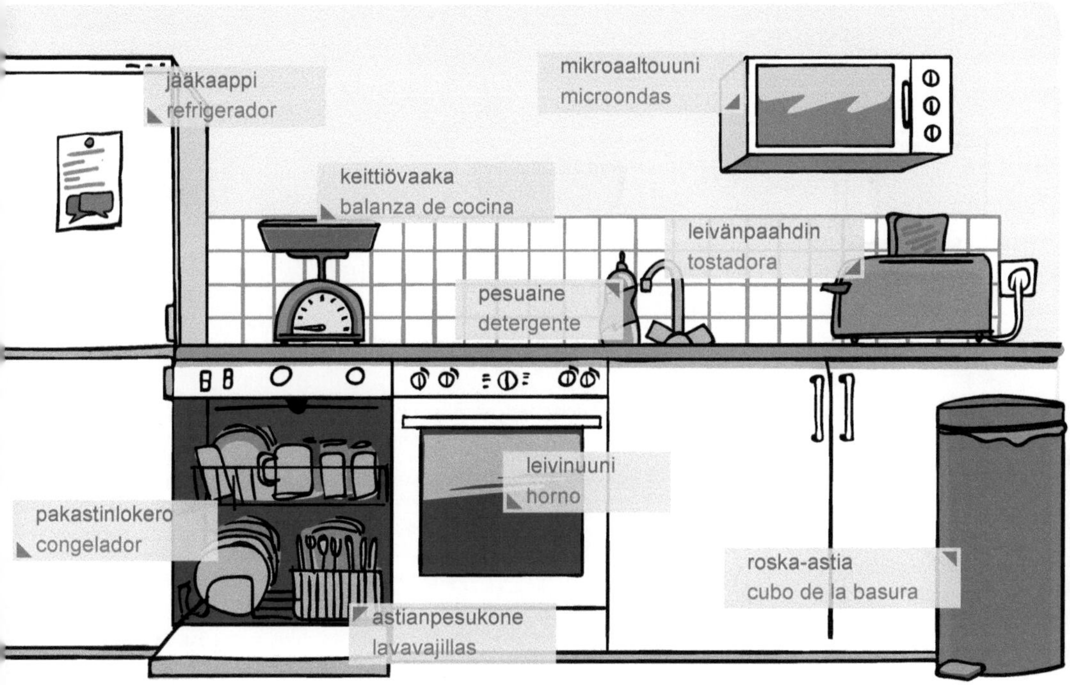

jääkaappi
refrigerador

mikroaaltouuni
microondas

keittiövaaka
balanza de cocina

leivänpaahdin
tostadora

pesuaine
detergente

leivinuuni
horno

pakastinlokero
congelador

roska-astia
cubo de la basura

astianpesukone
lavavajillas

liesi
olla a presión

kattila
olla

rautapata
olla de hierro fundido

vokkipannu / kadai-pannu
wok / karahi

paistinpannu
cazuela

teepannu
hervidor

höyrykeitin

vaporera

uunipelti

chapa de horno

astiat

vajilla

muki

taza

kulho

tazón

syömäpuikot

palillos

kauha

cucharón

paistinlasta

espumadera

vispilä

batidor

siivilä

colador

siivilä

cedazo

raastin

rallador

mortteli

mortero

grilli

barbacoa

avotuli

hoguera

leikkuulauta

tabla de picar

kaulin

rodillo

korkinavaaja

sacacorchos

purkki

lata

purkinavaaja

abrelatas

pannulappu

agarrador

lavuaari

lavabo

tiskiharja

cepillo

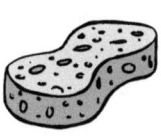

pesusieni

esponja

tehosekoitin

batidora

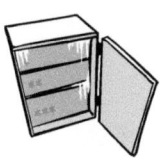

pakastin

congelador

tuttipullo

biberón

vesihana

grifo

kylpyhuone

cuarto de baño

lämmitys
calefacción
suihku
ducha
pyyhe
toalla
suihkuverho
cortina de la ducha
vaahtokylpy
baño de espuma
kylpyamme
bañera
lasi
vaso
pesukone
lavadora
vesihana
grifo
kaakelit
baldosas
potta
orinal
lavuaari
lavabo

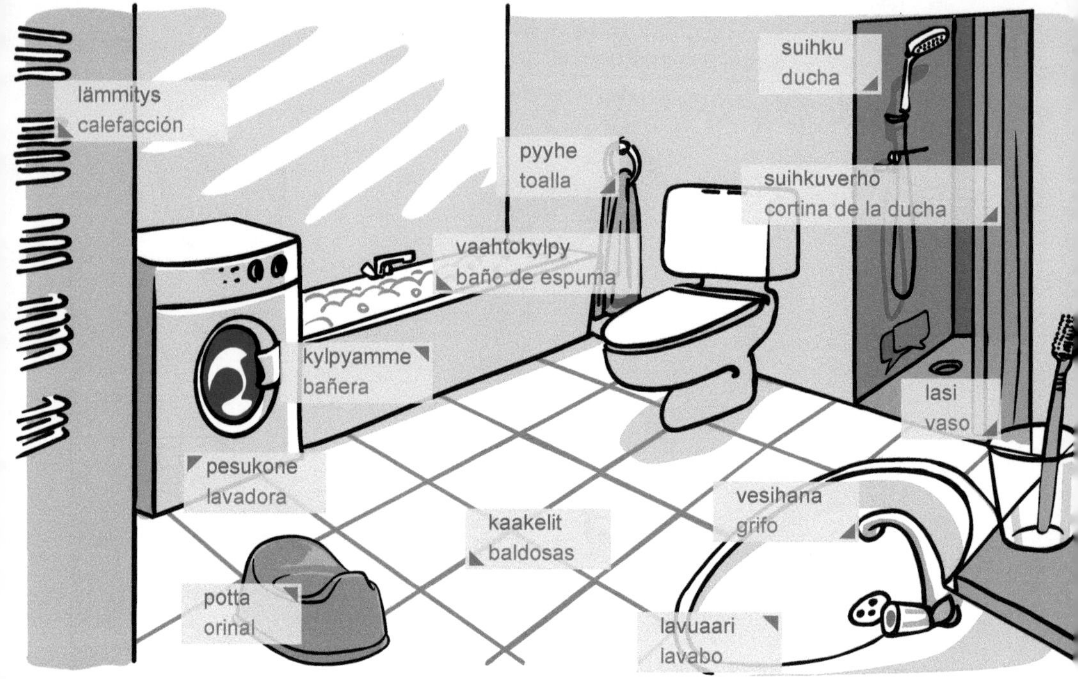

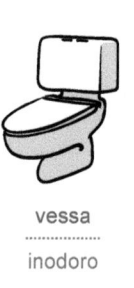

vessa

inodoro

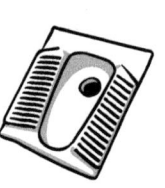

kyykkyvessa

inodoro rústico

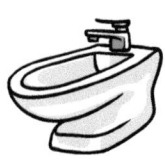

bidee

bidé

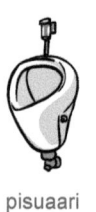

pisuaari

urinario

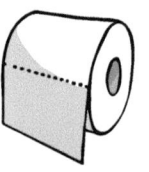

vessapaperi

papel higiénico

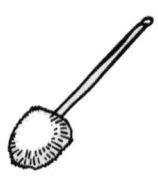

vessaharja

escobilla del váter

hammasharja

cepillo de dientes

hammastahna

pasta de dientes

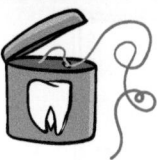

hammaslanka

hilo dental

pestä

lavar

käsisuihku

ducha de mano

intiimisuihku

ducha íntima

pesuvati

pila

selkäharja

cepillo de espalda

saippua

jabón

suihkugeeli

gel de ducha

shampoo

champú

pesulappu

toallita

viemäri

desagüe

voide

crema

deodorantti

desodorante

peili
espejo

käsipeili
espejo de tocador

partaveitsi
maquinilla de afeitar

partavaahto
espuma de afeitar

partavesi
loción postafeitado

kampa
peine

harja
cepillo

hiustenkuivaaja
secador

hiuslakka
laca

meikki
maquillaje

huulipuna
pintalabios

kynsilakka
pintauñas

pumpuli
algodón

kynsisakset
cortauñas

hajuvesi
perfume

kosmetiikkalaukku

estuche de viaje

jakkara

banqueta

vaaka

balanza

kylpytakki

albornoz

kumihansikkaat

guantes de goma

tamponi

tampón

terveysside

compresa

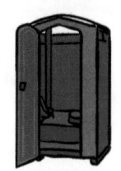

kemiallinen wc

inodoro químico

lastenhuone

habitación de los niños

herätyskello
despertador
pehmolelu
peluche
leikkiauto
coche de juguete
helistin
sonajero
nukkekoti
casa de muñecas
lahja
regalo

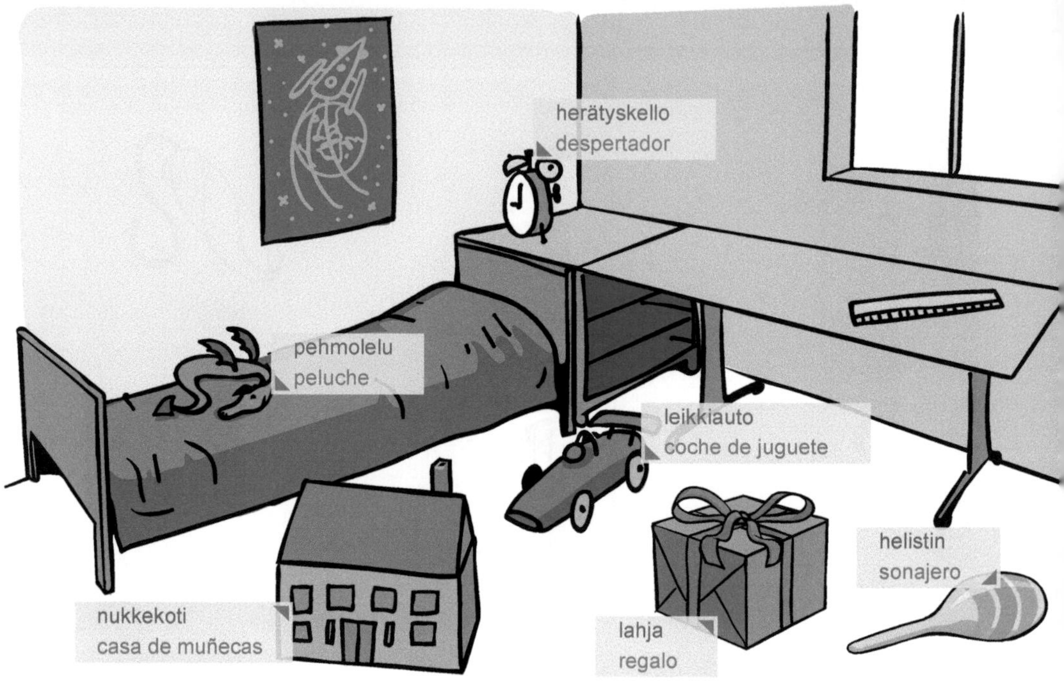

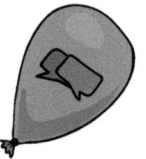

ilmapallo

globo

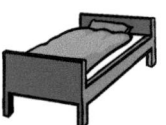

sänky

cama

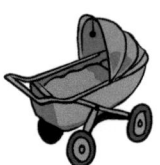

lastenvaunut

coche de niño

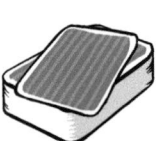

korttipeli

naipes

palapeli

puzle

SUPER MEGA

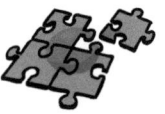

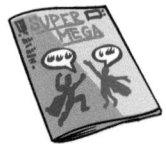

sarjakuva

tebeo

legopalikat

piezas de lego

rakennuspalikat

bloques de juguete

supersankari

figura de acción

potkupuku

bodi (de bebé)

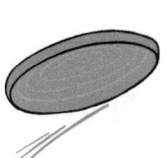

frisbee

frisbee

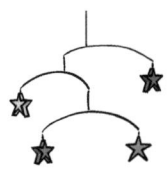

mobile

colgador móvil para bebés

lautapeli

juego de mesa

noppa

dados

pienoisjunarata

circuito de tren eléctrico

tutti

maniquí

juhlat

fiesta

kuvakirja

álbum de fotos

pallo

pelota

nukke

muñeca

leikkiä

jugar

hiekkalaatikko

cajón de arena

keinu

columpio

lelut

juguetes

pelikonsoli

videoconsola

kolmipyörä

triciclo

nalle

oso de peluche

vaatekaappi

guardarropa

vaatteet

ropa

sukat

calcetines

nylonsukat

medias

sukkahousut

leotardos

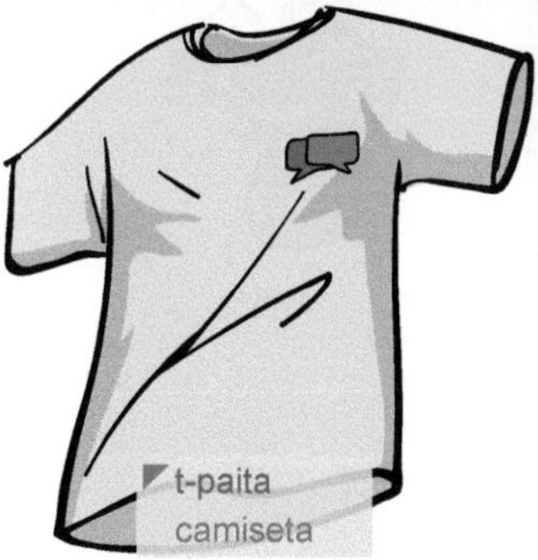

kaulaliina
bufanda

vyö
cinturón

sateenvarjo
paraguas

t-paita
camiseta

saappaat
botas

sisätossut
zapatillas

lenkkarit
deportivas

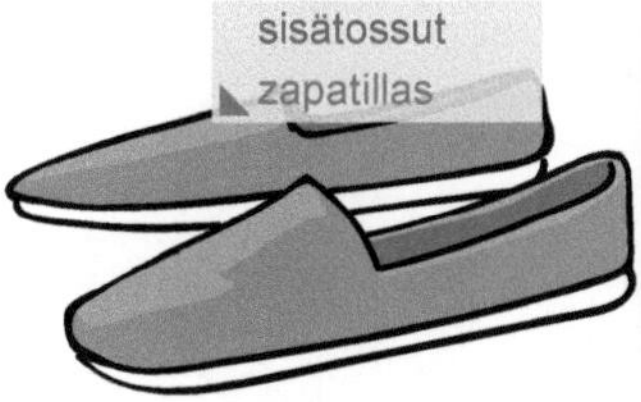

sandaalit
....
sandalias

kengät
....
zapatos

kumisaappaat
....
botas de goma

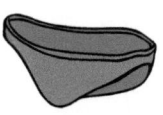

alushousut
....
slip

rintaliivit
....
sostén

aluspaita
....
chaleco

body

bodi

housut

pantalones

farkut

vaqueros

hame

falda

pusero

blusa

paita

camisa

villapaita

jersey

collegepaita

suéter

jakku

blazer

takki

chaqueta

takki

abrigo

sadetakki

gabardina

puku

traje

mekko

vestido

hääpuku

vestido de novia

puku
traje

yöpaita
camisón

pyjama
pijama

shari
sari

päähuivi
bandana

turbaani
turbante

burka
burka

kaftaani
caftán

abaya
abaya

uimapuku
traje de baño

uimahousut
bañador

shortsit
pantalones cortos

verkkarit
chándal

esiliina
delantal

käsineet
guantes

nappi

botón

silmälasit

gafas

rannekoru

brazalete

kaulakoru

collar

sormus

anillo

korvakoru

pendiente

lippalakki

gorra

ripustin

percha

hattu

sombrero

solmio

corbata

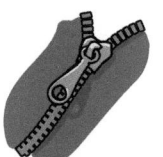

vetoketju

cremallera

kypärä

casco

henkselit

tirantes

koulupuku

uniforme escolar

univormu

uniforme

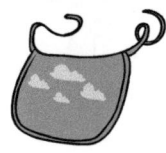

ruokalappu

babero

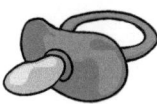

tutti

maniquí

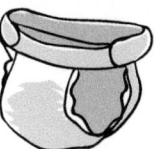

vaippa

pañal

toimisto
oficina

palvelin
servidor
asiakirjakaappi
archivo
tulostin
impresora
paperi
papel
näyttö
monitor
hiiri
ratón
kirjoituspöytä
escritorio
kansio
carpeta
näppäimistö
teclado
roskakori
papelera
tietokone
ordenador
tuoli
silla

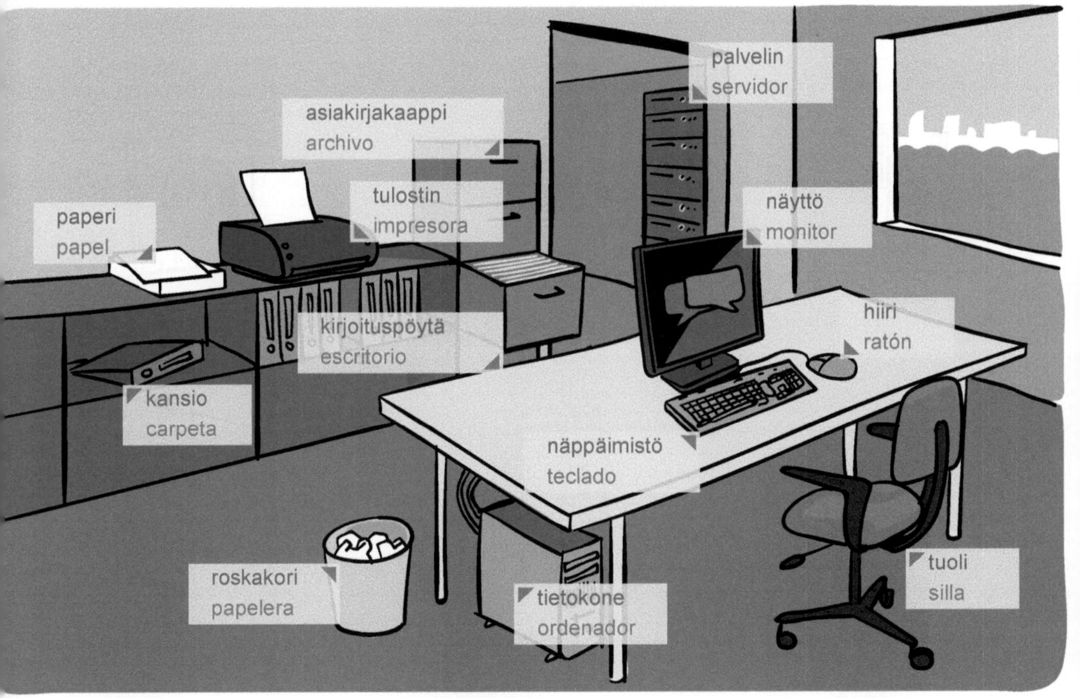

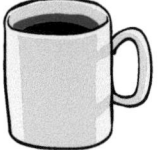

kahvimuki

taza de café

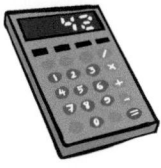

taskulaskin

calculadora

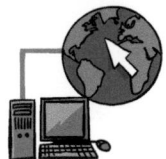

internet

internet

kannettava tietokone

portátil

kirje

carta

viesti

mensaje

kännykkä

móvil

verkko

red

kopiokone

fotocopiadora

ohjelmisto

software

puhelin

teléfono

pistorasia

toma de corriente

faksi

fax

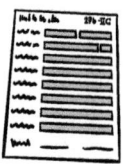

lomake

formulario

asiakirja

documento

ostaa

comprar

maksaa

pagar

vaihtaa

comerciar

raha

dinero

dollari

dólar

euro

euro

jeni

yen

rupla

rublo

frangi

franco suizo

renminbi juan

renminbi yuan

rupia

rupia

pankkiautomaatti

cajero automático

rahanvaihto

oficina de cambio de divisas

kulta

oro

hopea

plata

öljy

petróleo

energia

energía

hinta

precio

sopimus

contrato

vero

impuesto

osake

acción

työskennellä

trabajar

työntekijä

empleado

työnantaja

empleador

tehdas

fábrica

liike

tienda

talous - economía

ammatit
oficios

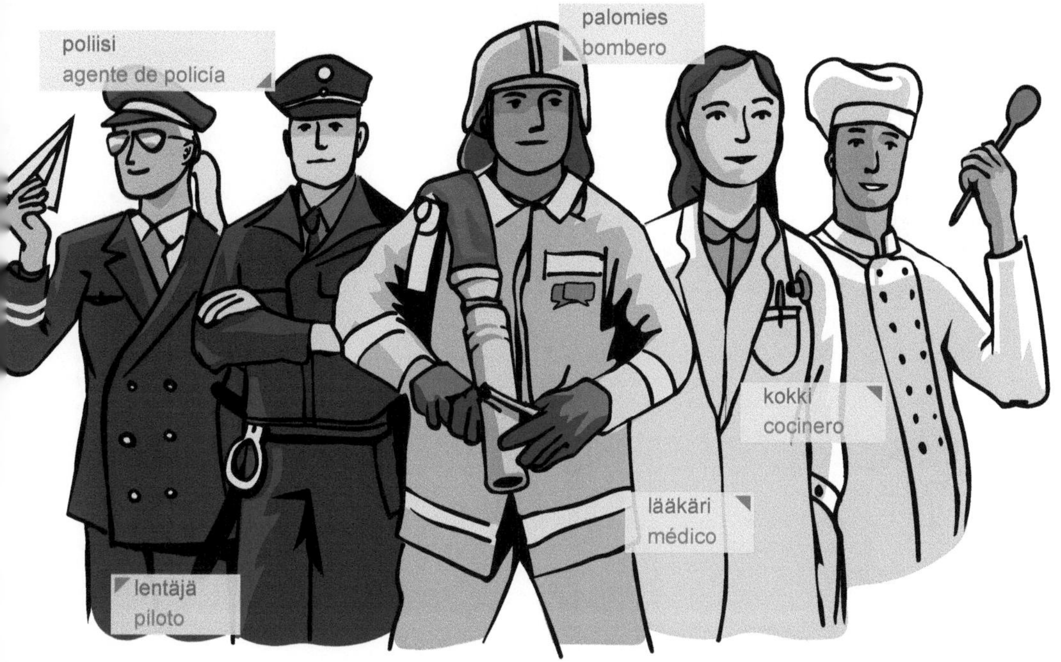
poliisi
agente de policía
palomies
bombero
kokki
cocinero
lääkäri
médico
lentäjä
piloto

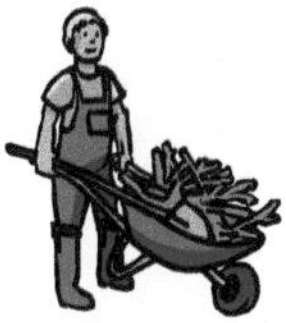

puutarhuri
jardinero

puuseppä
carpintero

ompelija
costurera

tuomari
juez

kemisti
farmacéutico

näyttelijä
actor

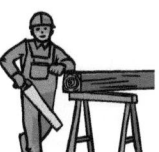

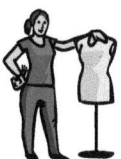

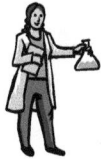

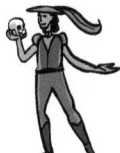

linja-autonkuljettaja

conductor de autobús

taksinkuljettaja

taxista

kalastaja

pescador

siivooja

señora de la limpieza

katontekijä

techador

tarjoilija

camarero

metsästäjä

cazador

maalari

pintor

leipuri

panadero

sähköasentaja

electricista

rakentaja

obrero

insinööri

ingeniero

teurastaja

carnicero

putkiasentaja

fontanero

postinjakaja

cartero

sotilas

soldado

arkkitehti

arquitecto

kassanhoitaja

cajero

floristi

florista

kampaaja

peluquero

konduktööri

revisor

mekaanikko

mecánico

kapteeni

capitán

hammaslääkäri

dentista

tiedemies

científico

rabbi

rabino

imaami

imán

munkki

monje

pappi

sacerdote

työkalut
herramientas

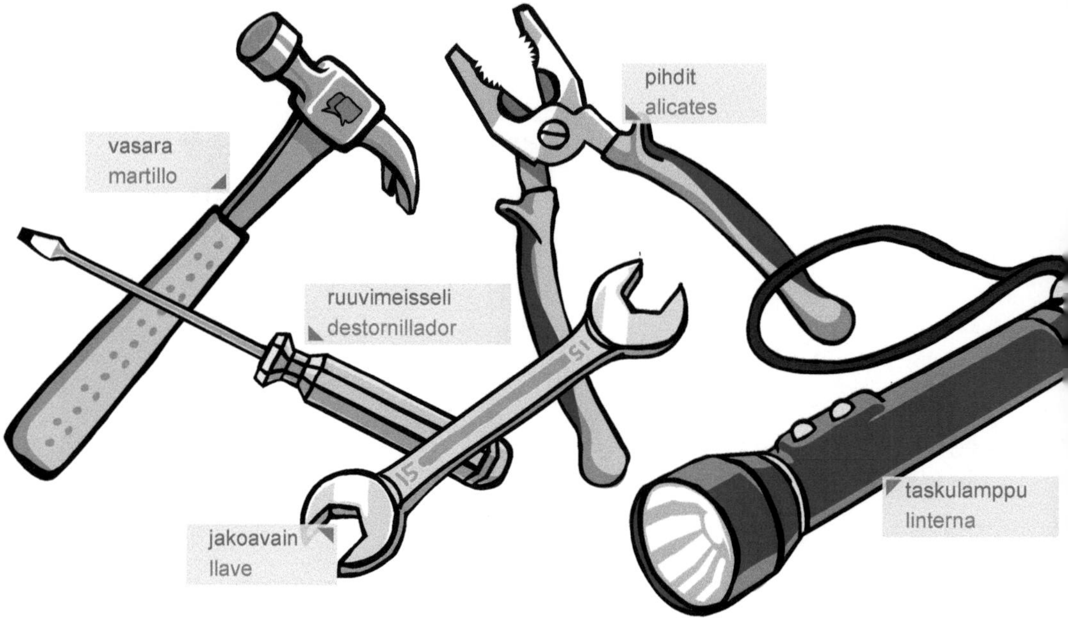
vasara
martillo
pihdit
alicates
ruuvimeisseli
destornillador
jakoavain
llave
taskulamppu
linterna

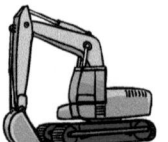

kaivinkone

excavadora

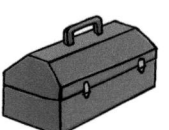

työkalupakki

caja de herramientas

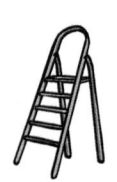

tikkaat

escalera de mano

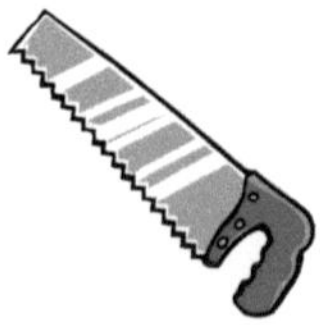

saha

sierra

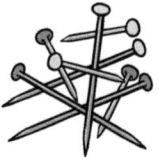

naulat

clavos

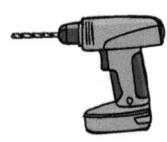

pora

taladro

korjata

reparar

lapio

pala

Hitto!

¡Maldita sea!

rikkalapio

recogedor

maalipurkki

bote de pintura

ruuvit

tornillos

soittimet

instrumentos musicales

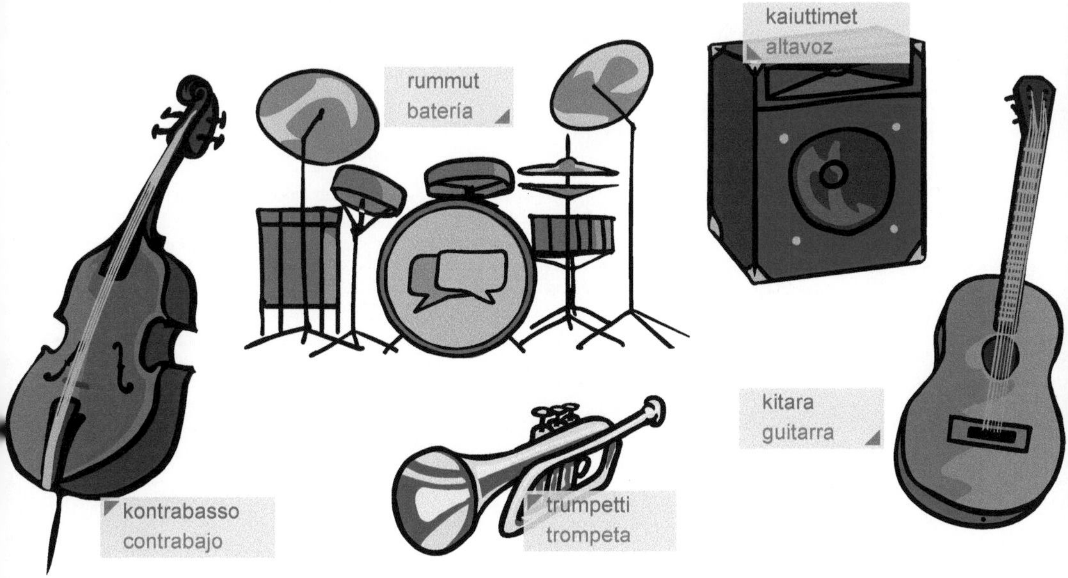

kaiuttimet
altavoz

rummut
batería

kitara
guitarra

kontrabasso
contrabajo

trumpetti
trompeta

piano

piano

viulu

violín

basso

bajo

patarummut

timbales

rumpu

tambor

kosketinsoitin

teclado

saksofoni

saxofón

huilu

flauta

mikrofoni

micrófono

sisäänkäynti
entrada

tiikeri
tigre

häkki
jaula

seepra
cebra

eläinten ruoka
pienso

panda
panda

eläimet
animales

norsu
elefante

kenguru
canguro

sarvikuono
rinoceronte

gorilla
gorila

karhu
oso

kameli

camello

strutsi

avestruz

leijona

león

apina

mono

flamingo

flamingo

papukaija

loro

jääkarhu

oso polar

pingviini

pingüino

hai

tiburón

riikinkukko

pavo real

käärme

serpiente

krokotiili

cocodrilo

eläintarhanhoitaja

guardián de zoológico

hylje

foca

jaguaari

jaguar

poni

poni

leopardi

leopardo

virtahepo

hipopótamo

kirahvi

jirafa

kotka

águila

villisika

jabalí

kala

pescado

kilpikonna

tortuga

mursu

morsa

kettu

zorro

gaselli

gacela

amerikkalainen jalkapallo
fútbol americano

pyöräily
ciclismo

tennis
tenis

koripallo
baloncesto

uinti
natación

jääkiekko
hockey sobre hielo

nyrkkeily
boxeo

jalkapallo
·······
fútbol

sulkapallo
·······
bádminton

yleisurheilu
·······
atletismo

käsipallo
·······
balonmano

hiihto
·······
esquí

poolo
·······
polo

aktiviteetit
actividades

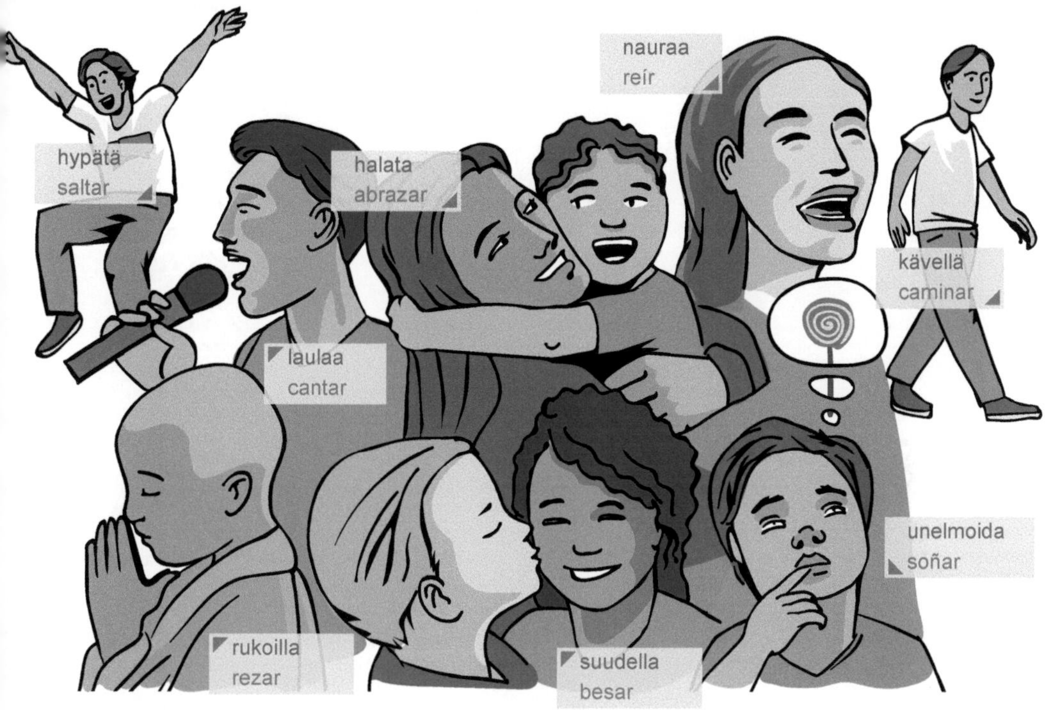
nauraa
reír
hypätä
saltar
halata
abrazar
kävellä
caminar
laulaa
cantar
unelmoida
soñar
rukoilla
rezar
suudella
besar

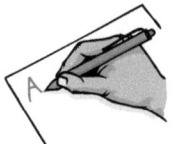

kirjoittaa

escribir

piirtää

dibujar

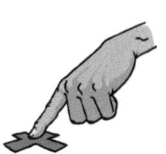

näyttää

mostrar

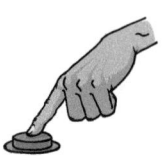

painaa

empujar

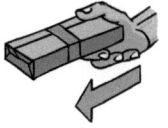

antaa

dar

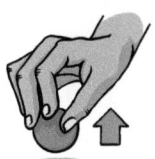

ottaa

tomar

omistaa

tener

tehdä

hacer

olla

ser

seisoa

estar de pie

juosta

correr

vetää

tirar

heittää

tirar

kaatua

caer

maata

yacer

odottaa

esperar

kantaa

llevar

istua

estar sentado

pukeutua

vestirse

nukkua

dormir

herätä

despertar

katsoa

mirar

itkeä

llorar

silittää

acariciar

kammata

peinar

puhua

hablar

ymmärtää

entender

kysyä

preguntar

kuunnella

escuchar

juoda

beber

syödä

comer

siivota

ordenar

rakastaa

amar

keittää

cocinar

ajaa

conducir

lentää

volar

purjehtia

navegar

laskea

calcular

lukea

leer

oppia

aprender

työskennellä

trabajar

mennä naimisiin

casarse

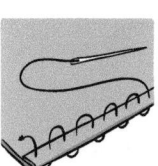

ommella

coser

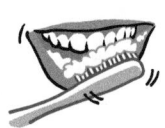

pestä hampaat

cepillarse los dientes

tappaa

matar

tupakoida

fumar

lähettää

enviar

mummo
abuela

ukki
abuelo

isä
padre

äiti
madre

vauva
bebé

tytär
hija

poika
hijo

vieras

invitado

täti

tía

setä

tío

veli

hermano

sisko

hermana

vartalo
cuerpo

otsa
frente
silmä
ojo
olkapää
hombro
sormet
dedo
kasvot
cara
leuka
barbilla
käsi
mano
jalka
pierna
rinta
pecho
käsivarsi
brazo

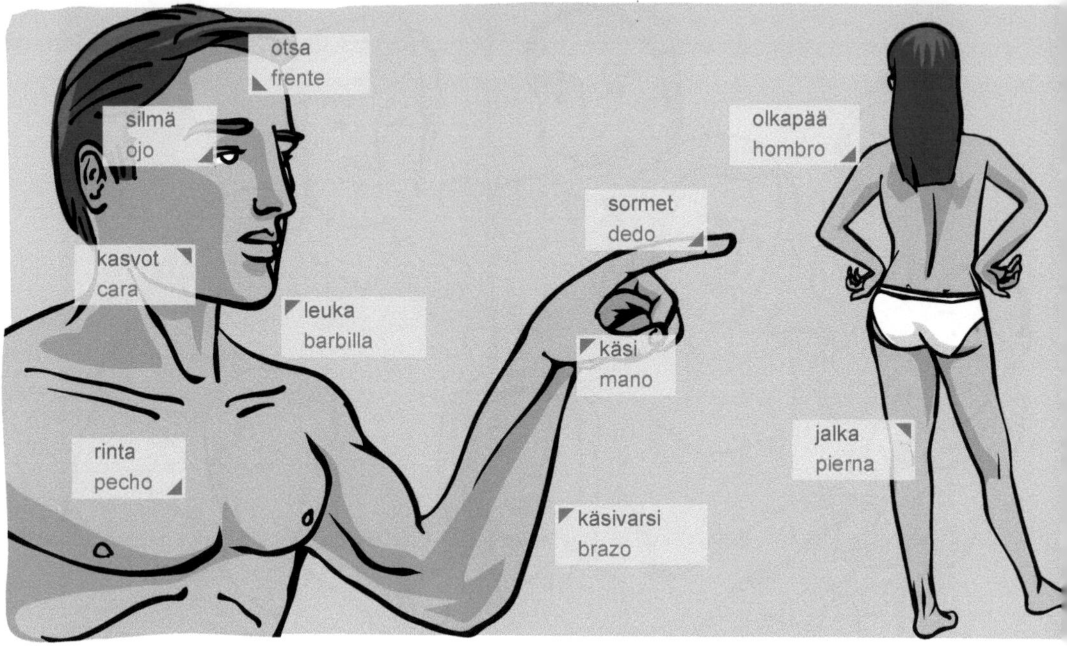

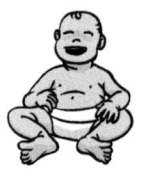

vauva

bebé

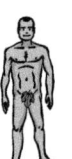

mies

hombre

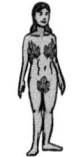

nainen

mujer

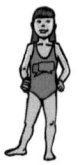

tyttö

chica

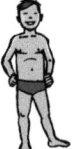

poika

chico

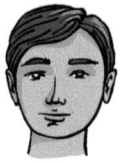

pää

cabeza

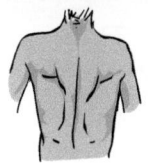

selkä

espalda

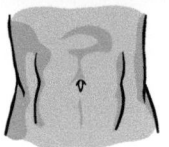

maha

vientre

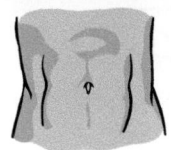

napa

ombligo

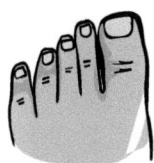

varvas

dedo del pie

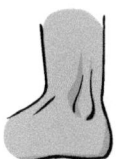

kantapää

talón

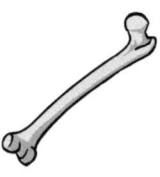

luu

hueso

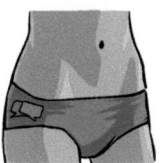

lantio

cadera

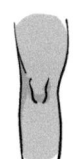

polvi

rodilla

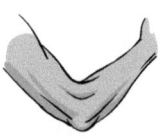

kyynärpää

codo

nenä

nariz

takapuoli

trasero

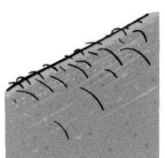

iho

piel

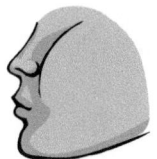

poski

mejilla

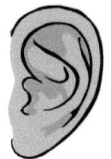

korva

oído

huuli

labio

suu

boca

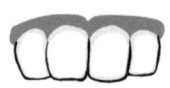

hammas

diente

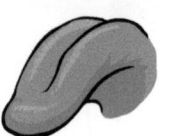

kieli

lengua

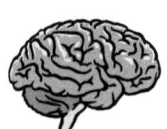

aivot

cerebro

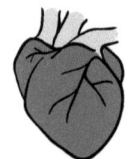

sydän

corazón

lihas

músculo

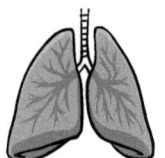

keuhkot

pulmón

maksa

hígado

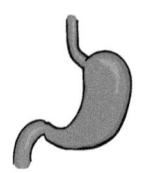

vatsa

estómago

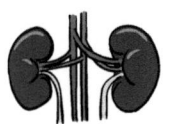

munuaiset

riñones

seksi

sexo

kondomi

condón

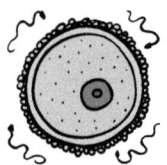

munasolu

ovario

sperma

semen

raskaus

embarazo

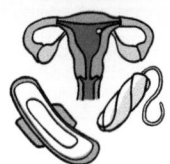

kuukautiset

menstruación

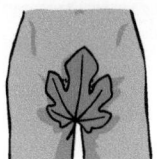

vagina

vagina

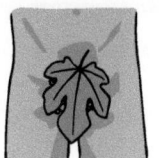

penis

pene

kulmakarvat

ceja

hiukset

pelo

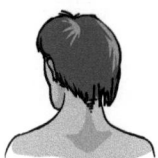

niska

cuello

sairaala
hospital

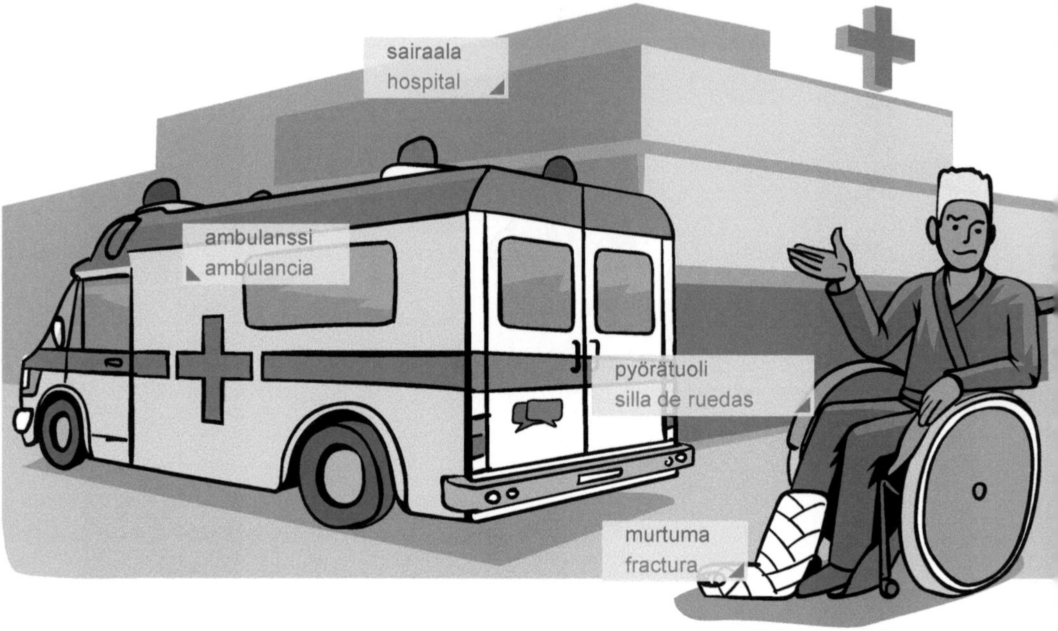

sairaala
hospital
ambulanssi
ambulancia
pyörätuoli
silla de ruedas
murtuma
fractura

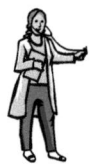

lääkäri

médico

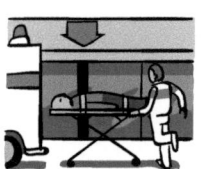

ensiapu

sala de urgencias

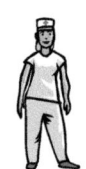

sairaanhoitaja

enfermera

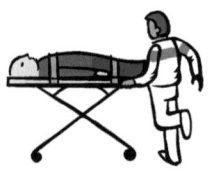

hätätilanne

urgencia

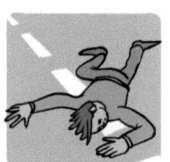

tajuton

inconsciente

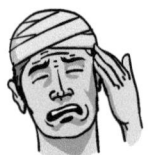

kipu

dolor

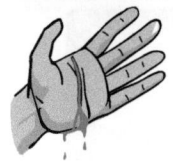

vamma

lesión

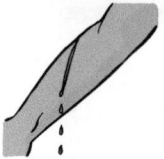

verenvuoto

hemorragia

sydänkohtaus

infarto

aivoinfarkti

ictus

allergia

alergia

yskä

tos

kuume

fiebre

flunssa

gripe

ripuli

diarrea

päänsärky

dolor de cabeza

syöpä

cáncer

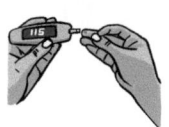

diabetes

diabetes

kirurgi

cirujano

veitsi

bisturí

leikkaus

operación

ct
TAC

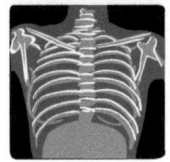

röntgen
rayos x

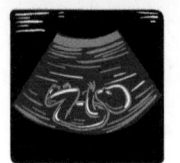

ultraääni
ultrasonido

maski
mascarilla

sairaus
enfermedad

odotushuone
sala de espera

sauva
muleta

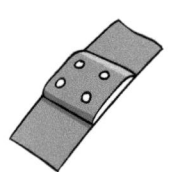

laastari
tirita

side
venda

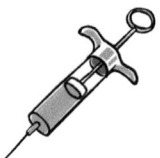

pistos
inyección

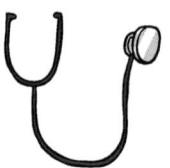

stetoskooppi
estetoscopio

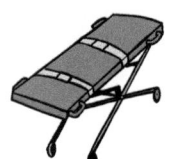

paarit
camilla

kuumemittari
termómetro

syntymä
nacimiento

ylipaino
sobrepeso

kuulolaite

audífono

desinfiointiaine

desinfectante

infektio

infección

virus

virus

HIV / AIDS

VIH / SIDA

lääke

medicina

rokotus

vacunación

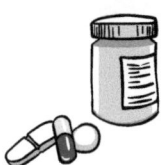

tabletit

tabletas

pilleri

pastilla

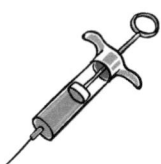

hätäpuhelu

llamada de urgencia

verenpainemittari

tensiómetro

sairas / terve

enfermo / sano

Apua!

¡Socorro!

hälytys

alarma

ryöstö

asalto

hyökkäys

ataque

vaara

peligro

hätäuloskäynti

salida de emergencia

Tulipalo!

¡Fuego!

palosammutin

extintor de incendios

onnettomuus

accidente

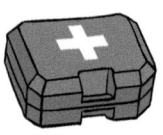

ensiapulaukku

botiquín de primeros
auxilios

SOS

SOS

poliisilaitos

policía

Eurooppa

Europa

Pohjois-Amerikka

Norteamérica

Etelä-Amerikka

Sudamérica

Afrikka

África

Aasia

Asia

Australia

Australia

Atlantin valtameri

Atlántico

Tyynimeri

Pacífico

Intian valtameri

Océano Índico

Eteläinen jäämeri

Océano Antártico

Pohjoinen jäämeri

Océano Ártico

pohjoisnapa

polo norte

etelänapa

polo sur

Antarktis

Antártida

maa

tierra

maa

tierra

meri

mar

saari

isla

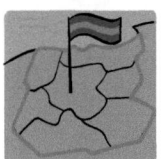

kansa

nación

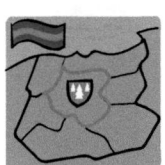

osavaltio

estado

kellotaulu

esfera

tuntiviisari

manecilla de las horas

minuuttiviisari

minutero

sekuntiviisari

segundero

Paljonko kello on?

¿Qué hora es?

päivä

día

aika

tiempo

nyt

ahora

digitaalikello

reloj digital

minuutti

minuto

tunti

hora

viikko
semana

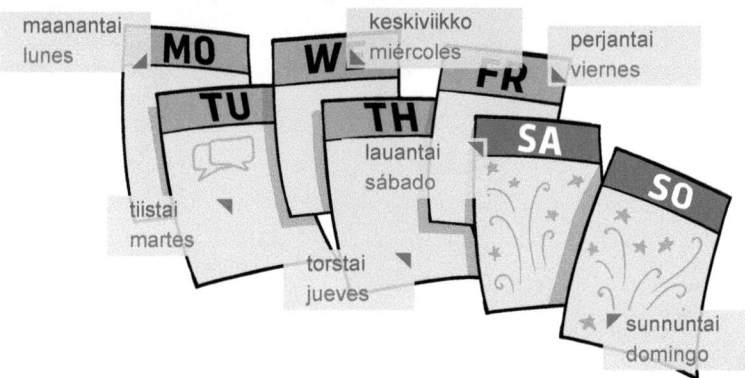

maanantai
lunes

MO

keskiviikko
miércoles

W

perjantai
viernes

FR

TU

TH

SA

tiistai
martes

lauantai
sábado

SO

torstai
jueves

sunnuntai
domingo

eilen
....
ayer

tänään
....
hoy

huomenna
....
mañana

aamu
....
mañana

keskipäivä
....
mediodía

ilta
....
tarde

MO	TU	WE	TH	FR	SA	SU
1	2	3	4	5	6	7
8	9	10	11	12	13	14
15	16	17	18	19	20	21
22	23	24	25	26	27	28
29	30	31	1	2	3	4

työpäivät
....
días laborables

MO	TU	WE	TH	FR	SA	SU
1	2	3	4	5	6	7
8	9	10	11	12	13	14
15	16	17	18	19	20	21
22	23	24	25	26	27	28
29	30	31	1	2	3	4

viikonloppu
....
fin de semana

vuosi

año

sade
lluvia
sateenkaari
arcoíris
lumi
nieve
tuuli
viento
kevät
primavera
syksy
otoño
kesä
verano
talvi
invierno

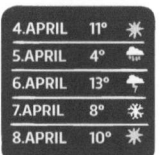

4.APRIL 11°
5.APRIL 4°
6.APRIL 13°
7.APRIL 8°
8.APRIL 10°

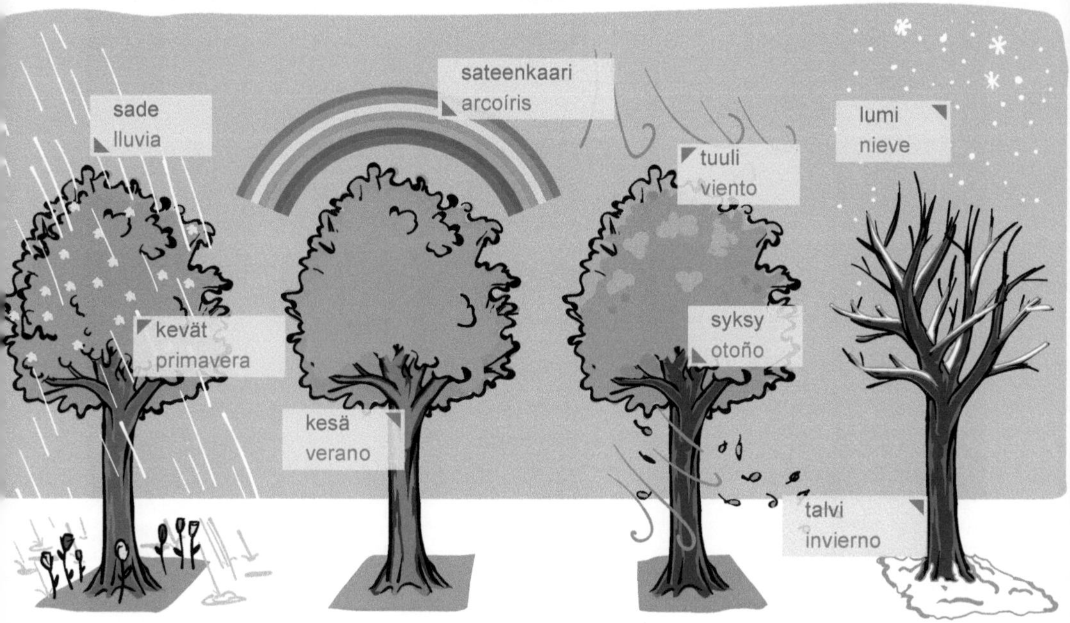

sääennuste

pronóstico del tiempo

F
C
120
90
60
30
0
-30
40
30
20
10
0
-10
-20

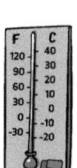

lämpömittari

termómetro

auringonpaiste

sol

pilvi

nube

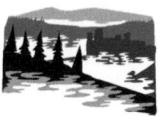

sumu

niebla

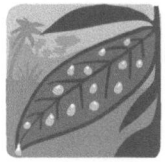

ilmankosteus

humedad

salama

rayo

ukkonen

trueno

myrsky

tormenta

rae

granizo

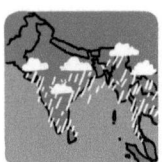

monsuuni

monzón

tulva

inundación

jää

hielo

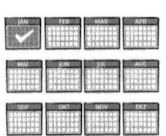

tammikuu

enero

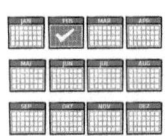

helmikuu

febrero

maaliskuu

marzo

huhtikuu

abril

toukokuu

mayo

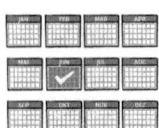

kesäkuu

junio

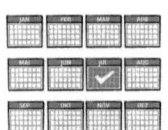

heinäkuu

julio

elokuu

agosto

syyskuu

septiembre

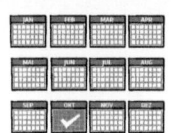

lokakuu

octubre

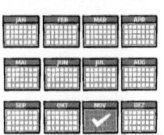

marraskuu

noviembre

joulukuu

diciembre

muodot

formas

ympyrä

círculo

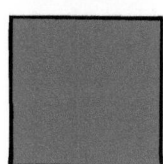

neliö

cuadrado

suorakulmio

rectángulo

kolmio

triángulo

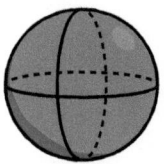

pallo

esfera

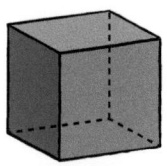

kuutio

cubo

valkoinen

blanco

keltainen

amarillo

oranssi

anaranjado

vaaleanpunainen

rosa

punainen

rojo

violetti

morado

sininen

azul

vihreä

verde

ruskea

marrón

harmaa

gris

musta

negro

paljon / vähän

mucho / poco

vihainen / ystävällinen

enojado / tranquilo

kaunis / ruma

bonito / feo

alku / loppu

principio / fin

suuri / pieni

grande / pequeño

vaalea / tumma

claro / oscuro

veli / sisko

hermano / hermana

puhdas / likainen

limpio / sucio

täydellinen / epätäydellinen

completo / incompleto

päivä / yö

día / noche

kuollut / elävä

muerto / vivo

leveä / kapea

ancho / estrecho

syötävä / syömäkelvoton

comestible / no comestible

paha / kiltti

malo / amable

innostunut / tylsistynyt

entusiasmado / aburrido

lihava / laiha

gordo / delgado

ensimmäinen / viimeinen

primero / último

ystävä / vihollinen

amigo / enemigo

täysi / tyhjä

lleno / vacío

kova / pehmeä

duro / blando

painava / kevyt

pesado / ligero

nälkä / jano

hambre / sed

sairas / terve

enfermo / sano

laiton / laillinen

ilegal / legal

älykäs / tyhmä

inteligente / tonto

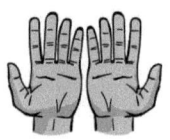

vasen / oikea

izquierda / derecha

lähellä / kaukana

cerca / lejos

uusi / käytetty

nuevo / usado

ei mitään / jotain

nada / algo

vanha / nuori

viejo / joven

päällä / pois päältä

encendido / apagado

auki / kiinni

abierto / cerrado

hiljainen / äänekäs

silencioso / ruidoso

rikas / köyhä

rico / pobre

oikein / väärin

correcto / incorrecto

karhea / sileä

áspero / suave

surullinen / iloinen

triste / contento

lyhyt / pitkä

corto / largo

hidas / nopea

lento / rápido

märkä / kuiva

húmedo / seco

lämmin / viileä

cálido / frío

sota / rauha

guerra / paz

0

nolla

cero

1

yksi

uno

2

kaksi

dos

3

kolme

tres

4

neljä

cuatro

5

viisi

cinco

6

kuusi

seis

7

seitsemän

siete

8

kahdeksan

ocho

9

yhdeksän

nueve

10

kymmenen

diez

11

yksitoista

once

12
kaksitoista
doce

13
kolmetoista
trece

14
neljätoista
catorce

15
viisitoista
quince

16
kuusitoista
dieciséis

17
seitsemäntoista
diecisiete

18
kahdeksantoista
dieciocho

19
yhdeksäntoista
diecinueve

20
kaksikymmentä
veinte

100
sata
cien

1.000
tuhat
mil

1.000.000
miljoona
millón

englanti

inglés

amerikanenglanti

inglés americano

mandariinikiina

chino mandarín

hindi

hindi

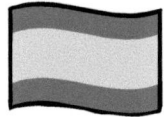

espanja

español

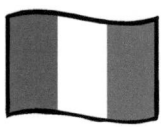

ranska

francés

arabia

árabe

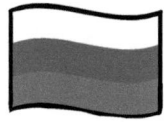

venäjä

ruso

portugali

portugués

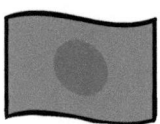

bengali

bengalí

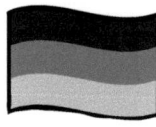

saksa

alemán

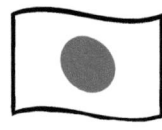

japani

japonés

minä
....
yo

sinä
....
tú

hän
....
él / ella / ello

me
....
nosotros/as

te
....
vosotros/as

he
....
ellos/as

kuka?
....
¿quién?

mitä / mikä?
....
¿qué?

miten?
....
¿cómo?

missä?
....
¿dónde?

milloin?
....
¿cuándo?

nimi
....
nombre

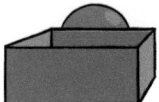

takana

detrás

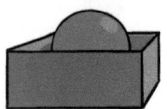

sisällä

en

edessä

delante de

yläpuolella

por encima de

päällä

sobre

alapuolella

debajo de

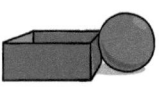

vieressä

junto a

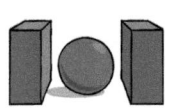

välissä

entre

paikka

lugar